LA BRÚJULA QUE MARCABA EL SUR

DIMITRI EKONOMIDES

LA BRÚJULA QUE MARCABA EL SUR

Traducción
JOSÉ ANTONIO MORENO JURADO

EL ÁRBOL DE LA LUZ
70
TO ΦΩΤΟΔΕΝΤΡΟ

Padilla Libros Editorial y Librería
Sevilla 2025

C O L E C C I Ó N
P O É T I C A
D E   A U T O R E S   G R I E G O S
C O N T E M P O R Á N E O S
E L   Á R B O L   D E   L A   L U Z
T O   Φ Ω Τ Ο Δ Ε Ν Τ Ρ Ο
N.º 70

Título original: Η πυξίδα που έδειχνε το Νότο

© de los poemas: DIMITRI EKONOMIDES

© de la traducción: JOSÉ ANTONIO MORENO JURADO

© de la presente edición: PADILLA LIBROS

ISBN: 978-84-8434-811-5   D. LEGAL: SE 891-2025

1.ª impresión, mayo de 2025

PADILLA LIBROS EDITORES Y LIBREROS
C/ Trajano n.º 18. 41002 Sevilla (España)
editorial@padillalibros.com

Impreso en Podiprint
Impreso en España – Printed in Spain

LA BRÚJULA QUE
MARCABA EL SUR
(2002)

A mis padres

Pienso en las palabras.
Millares, de miles de hombres.
Las mismas exactamente.
Para agradecer, para preguntar,
        para pedir por favor, para gritar.
Para no decir nada.
Miles de palabras, mil propuestas...
Con dos o tres palabras, que salen de una vez,
        cortantes.
Con comas y puntos altos, largas, lentas
        que olvidas por qué arrancaste
y sólo queda el orden mecido de las palabras
        en un juego atractivo.
Con burlas de paréntesis; con interrogaciones,
        agraciadas, inseguras.
Con invisibles promesas de reticencias; con
        agradable sorpresa (o ¿hipocresía?) de
        admiraciones.

Todas esas palabras; y que se encontraron
        en esta frase única.
Pienso en las palabras, las mismas que
        decimos los dos
y sin embargo hablamos muy diferentemente.

A Stelios Anastasiadis
y a Yanis de Ikaria

También esta es la ciudad
de la nostalgia, de la melancolía, del moho.
Enteramente abierta al cielo y al agua;
el puerto se hinchó,
tomó el faro como fanal de proa,
las estufas de las tiendas como máquinas
y a nosotros, comensales olvidados, como
    tripulación.
Y es también la casa de Stelios
puente desde donde miramos la espuma que
    une mar y cielo.
Y Yanis, fogonero,
Manteniendo las máquinas al ralentí con un
    débil vino sin retsina
esperando abrazar otra vez al mar
y no acariciarlo en un coche como las parejitas
en Kum-Kapí.
Verdad, entonces el salitre destruye el moho
Que se sienta día a día en nuestras almas.

Janiá, 21-11-1992

El estrés de la presencia duradera
Se diría que el mundo cuelga de nuestros
    Testículos

Siguen —como corderos al degüello—
arrastrándose uno tras otro.
Con placer y encantados
por la afiladura del cuchillo
que los espera al final de su breve camino.
No harán nada para evitar
        el Destino;
Y cada vez que alguno se desviaba
enviaban a los servidores con varas o
mandaban al ostracismo al rebaño extraviado.
Ocultos tras risas agradables
de benevolencia provisional
quedaron esclavos de la incultura, del
        sometimiento, de la envidia
y de las tradiciones de la raza
«Patria – religión – familia – trabajo».

A L. S.

«Estamos, además, poco dispuestos», me dijo
con su apenada sonrisa infantil y se subió
    a la motocicleta.
Un atardecer caerá con doscientos sobre el sol
y sus cabellos —eternamente mal recogidos e
    indóciles—
se enredarán con los rayos de luz.
Y yo buscaré la respuesta a una pregunta vana
completando una confianza estrecha.
Causa: la muerte (de sol hiperbólico).

Metrópolis, Réthymno, 14, XI, 1992

Aquella mañana toda la tristeza de los años
    del silencio
se recogió de pronto en su cráneo;
de pronto, alterando el orden,
que con esfuerzo y cuidado habías puesto en tu
    vida;
interrumpiendo las diarias repeticiones de tus
    papeles.
Así, estalló, como bomba de mano en manos
    del soldado
que, apretando el redondo hierro brillante,
se olvidó pensando, apenas por tres segundos,
    que tocaba su pequeño pecho apretado.
Así dijeron: explotó.
Seguramente tú no sentiste la explosión.
Sencillamente algo se abrió en ti como las
    rosas una mañana de mayo.

Janiá, 4, XII, 1992 o 1994

17

Nos casamos con ciertas buenas mujeres
de las que no nos enamoramos
y el amor revuelve el corazón
como el gato araña la puerta de la cocina

Paseaba solo, entonces, en las calles de la
    ciudad
con los ojos inundados de sueños

Es un poema que nadie conoce,
sin embargo —de pronto— encontramos en el
        suelo un verso suyo o una palabra;
una agraciada sonrisa infantil se rompe en
        nuestros labios,
seguros de levantar por un instante
        el extremo
                del peplo de la felicidad.

Atenas, 1, III, 1993, Lunes Santo

Sí, pero olvidamos olvidar…

Existen algunas cosas que no sabréis.
Pero no busquéis explicaciones y
    responsabilidades
(no, no... vosotros lo sabéis;
esas imperativas, como jueces desde sus sedes
incesantes, llenas de odio e ira, preguntas
    estresadas).
Vuestra ignorancia es una elección consciente.

24, III, 1993

Tocó con la punta de los dedos
el cuadro de Van Gogh en el hall
hasta que el cielo nocturno
tomó el color gris azulado de sus ojos.

En el siguiente movimiento mudó el caballo
negro al D3
y amenazó a la reina blanca.
Entonces se quedó en ese sitio, a las dos o tres
    oportunidades
                    para atacar.
En aquella época había plantado las flores
    para el verano
                    que se acercaba.
Y así se despreocupó del tablero.
Seguramente, confesó una vez,
no le gustaba que las reinas se escapasen
    del juego
(son tan fágiles).

A M.

Pequeños amores,
dedos que se atrevieron a tocar,
caricias en el aire;
pequeñas luciérnagas ocultas en las húmedas
    hierbas de la noche primaveral;
olas que se apagan antes de llegar a la costa.
Interrogaciones hermosas, tácticamente
    formadas
y las respuestas ya preparadas en los
    cajoncitos de la memoria.
En verdad, ¿nunca pensamos que debemos ya
    muchas a nosotros mismos?

N. Kifisiá, 9, V, 1993

1989 (A. C. SE ENTIENDE)

Y así —sin ninguna reunión o
    simposio científico (como es costumbre)—
este año se proclamó el inevitable
    Final de la Hipótesis.
Durante décadas todos los conflictivos
    reivindicadores
        de la Verdad
—subcategorías e innumerables grupúsculos de
    mandos ininteligibles—
se pusieron de acuerdo, como un acorde
    cacófono de niños asustados.
Cómo por un momento, en un momento,
se olvidó
que la Hipótesis respiraba ya su último aliento
cuando Lenin enviaba a los congresistas
    bolcheviques
contra los marineros de Kronstadt.

Además, supimos muchas vanas repeticiones
    de la Carga militar,
intentos de un nuevo mando

cuya semilla queda en el testículo derecho
    de la Historia.

......

Pero el mundo se complace en los
    aniversarios, como
también en las personalidades;
el fanatismo ganó aún una vuelta.

3, VII, 1993

Des amours légères
sans souci, passagères,
étrangères de ma vie
sans pouvoir les éviter
tracent à mon âme
leur sentier aride et mélancolique.

Amores ligeros
sin preocupación, pasajeros,
extraños de mi vida,
sin poder evitarlos
trazan en mi alma
su sendero árido y melancólico.

Matrimonios de todo el mundo ¡id a joder!

Janiá, 16, VII, 1993

Hablaba mucho en otro tiempo.
Derrochaba las palabras sin cesar,
    irreflexivamente
como un niño pequeño que enciende una a una
    las cerillas;
y después ¿quién da importancia a una caja de
    cerillas vacía?
(por otras parte, cada vez más utilizan
encendedores de plástico)

Atenas, 23, XI, 1993

No me temáis.
Además estoy desarmado;
así o de otra forma no combatiría.
Pasadme entonces las cadenas...
o dejad que me arroje fuera de los muros.
Viviremos en una ciudad saqueada.

Atenas, 20, XII, 1993

¿Por qué casi siempre escribo en tiempo
   pasado?
¿Presente? Muy rara vez. En cuanto al
   futuro...
Y, sin embargo, recuerdo todo eso desde los
   años que vendrán.
Pero evito el futuro. Me asustaría.
   Quizás.
Y así me río, un poco, de mí mismo.
Vosotros, sin embargo, no creáis nada de todo
   eso.
Pareceréis serios y austeros conmigo.

París, 20, VII, 1994

Atardecer de septiembre;
un cielo deshilachado mantiene su respiración
sobre una ciudad medio hundida en el sopor.
Aceras vacías pesan al lado del asfalto,
impresos estropeados de propaganda y vacíos
    paquetes de cigarrillos
giran sin finalidad,
ventanas medio inclinadas emiten gritos
    futboleros
o el repiqueteo de tenedores.
Dos nubes blancas se persiguen idiotas
entre antenas de televisión.
Un cuarto oscuro, inmóvil, silencioso
guarda la sábana que cubre a medias tu cuerpo
    desnudo.

Lisboa, 1, X, 1995

ES CÁLIDO EL ABRAZO
DEL MAR LEJANO

(2012)

Constantino,
¿qué gota de sudor
emergida indolentemente, despacio,
en vello adolescente sobre los labios
o rodando tranquilamente por espalda erguida
en húmedo hamman de barrio en Alejandría
te engañó?

Hemorragias de palabras se vierten
de las puntas de mis dedos se esparcen
    como aves
unas veces alegres preparándose para un viaje
    a las tierras del sol
despiden antenas, losetas y lejías
cogen mensajes para otras tierras.
Otras veces responden locas como
espantapájaros hoscos
o inmóviles, entregadas al abatido monasterio
    del mediodía,
otras veces estupefactas ante el canto del gallo
    de la tormenta
y esperan que pase el tiempo.

Día a día dijiste y te marchaste
en un halo de escasa niebla.
Y llegaste otra vez en una nube rosa claro.
Día a día
en nuestro siglo veintiuno.
Sin presente o futuro
alfa y omega nosotros de nosotros mismos
días en hileras, procesión
sin alma, mirando de soslayo uno a otro
cuál será el más fantástico
cuál dirá el latiguillo más despierto
cuál encordará el turismo más exótico.
Y que no quieren, no se atreven y no saben
cómo hablar y compartir
el tiempo que los cruza y los une
secreta, inexorable, involuntariamente
y todo termina.

Cuando me encuentro con una mujer o un libro los huelo por principio.

Troncos enroscados se tocan
por las rodillas, por los nudos
apretadamente, no se diferencian
en el mismo color, ceniza canela,
se ramifican en tierra roja también
al denso mediodía, verano
en campo adormecido...

...dos enredaderas
lejos de la viña y de los hombres.

El pomo del armario se abre
al espacio ignorante y oscuro de los vestidos.

Palabras protectoras
por donde el pensamiento huyó
vuelven a traer indicadores de trayectoria.
No, niño mío, no...
Ni pena, ni sollozo;
pensamientos en pie.

La forma contemporánea de crucifixión de los transgresores del orden es la vociferante, mediática, enrevesada referencia a ellos; hecho que equilibra el silencio más ensordecedor. En momentos, otra vez, en que se seca la fantasía o sobra excepcionalmente, la necesidad vuelve lo tradicional.

Albanés, albanés, no...
   ...conseguiste.
Tu negra estrella es el resplandor de una hoja
   de metal.
Ahora dos metros de tierra griega
completamente tuya.
Para siempre y en vano, afortunado.
Escapaste de alquiler y mensualidades
de edificios recién levantados
por manos extranjeras.

Me viene poesía
cuando te miro.

La muchacha que tocaba el arpa
con los rayos de luz de las estrellas.

Mismos movimientos en años. Décadas, quizás
    siglos.
El hombre que acaricia fuertemente
con su mano derecha la mejilla de la muchacha
y después pasa su pulgar
allanando su ceja izquierda.

Setenta y cinco, ochenta años de acrobacias
    intelectuales
entras y suavizamos la dureza indecible de la
    carne.

Polvo y salmuera depilan
el lápiz olvidado
en el isleño alfeizar golpeado por el sol.
Errores, palabras y letras desconocidas
enturbiaron y afilaron
y ahogan la respiración
en época maldita
que dispara palabras con imágenes.

Busco una delicada línea púrpura
—¿con un hilo rojo atada? No.
La línea ensangrentada de los bordes
de la vieja herida.
Si se perdió bajo el polvo y el óxido,
si se cura del tiempo,
con un movimiento cortante, tierno,
volveré a trazarla.

Ciudad provisional
trazada por hendiduras y calles para coches,
rodeada de puertos y estaciones;
en su cintura un centro comercial
sin amor, aséptico, deslumbrante,
hormigueros de clientes, de turistas, de
    curiosos.
Cada noche, a las nueve exactamente,
llena de cólera su alma
oscura, muda y fría.

Dudosa primavera, nacida tarde.
Verdea en grietas de aceras
en insospechadas medianas sucias.
Rosea en heridas de sonrisa,
en el abrir y cerrar de la puerta del metro
o entre dos trolebuses de la calle Stadíu.

Si escribiera poemas en esta época
sería con palabras de plexiglás deslumbrante
        y espejos de muchas esquinas;
palabras puestas en línea
recta compuestas
para que leas un poema y no sientas nada;
cosa que sucede, así;
ni es ni existe;
cosa más vacía que el vacío.
Y el vacío se sacude y emociona
y tiene vida que dar.
Cosas como tantas a nuestro alrededor y
        dentro
que ni llenan ni nos comen las entrañas
ni dejan oxidación ni una gota de veneno;
cogen espacio así;
sufrimos incluso por la falta de vacío.

Esta noche quisiera contaros el silencio y el tiempo. Dos cosas desconocidas e indecibles. No tenemos tiempo para el silencio, hablemos a cada momento para olvidar el tiempo. Los surcos que el arado del día y de la noche traza en los campos de nuestra vida nos parecen heridas que, se diría, permanecerán abiertas. Tememos cualquier cosa abierta. Los ojos que miran, los oídos que escuchan, los corazones que esperan, las ventanas que dan al mar y a los techos de París. No esperamos las semillas que fertilizarán los campos ni la lluvia que igualará la tierra.

¿Tan heridos estamos que tememos la reja de la vida? ¿Lo destruido, su metal deslumbrante, que trabaja la tierra tibia del otoño? Esos hombres que encuentro diariamente y que en ciertos momentos no pueden decir ni siquiera qué día es, son en sus tonos pro- vocación. Nuestros días, nuestras noches, nuestras hermosas palabras también demuestran los risible e insignificante.

Por lo demás, Tomás, te consumiste
    irreflexivamente
en roces no atrevidos descortezando
heridas recientes de santos embalsamados
en vano infiel entre infieles.
Y cuál es la utilidad de las respuestas...
Las respuestas son refugio de los cobardes y
    de los sin amor.
Sin embargo tú naciste para caricias de muslos
    de alabastro y del Monte Athos;
no corras a Olivares de la Noche.

El golpe de sus tacones es diferente,
sólido, con una sospecha de convencimiento.
Cada golpe es también un estímulo para el
   corazón,
una punzada en el cráneo.

Si además el hijo de Dédalo
no fue el efebo indisciplinado,
¿cómo tendríamos la seguridad entonces
de que el sol es llama?

Preguntas si hablo.
Mis palabras son clavos, tablones
como los que atan las grandes puertas
de fortalezas medievales.
Las escupo
unas veces con ira,
otras veces con impasible aplicación metódica
sobre los espantapájaros de nuestra edad
    infantil.
Las asesino una a una
y después las entierro con tranquila tristeza
y cuando venga el momento de que mueran
aparecerá su verdad, pequeña y vulgar.
Infantes irritados que nunca quisieron crecer,
ocultos tras helechos medio deshojados
arrojan ronquidos biliosos a insospechados
paseantes
con tal tumulto
que piensas que terminó todo el mundo.
Muy malo para la nada finalmente.

Qué busco en esta tierra de aquí
con el inmenso cordón umbilical de la Hidra
de Lerna
pintada con lápiz de labios barato,
Parténope que juega a Puta.
Mataron a la mujer eunucos bigotudos.

PETRUSKA TRAS LA MUERTE
DE NIJINSKY

Tu soledad, la más profunda,
en los fondos de tus ojos inmóviles
busca la mirada,
mirada temerosa y piedad de los otros,
de los otros en círculo,
el círculo vacío a tu alrededor;
la última pirueta sobre la nieve…
…un hilo delgado de sangre
baja al mentón.

Armado
escucho vuestras palabras
que cuentan una historia entera,
palabras que, tras ellas,
no existe ya nada que adivinar,
una pena sagrada e indecible,
una búsqueda agónica
para que se encuentre la llave del mundo.
Mi ignorancia os refleja
el sonido multiplicado de vuestras palabras
como espejo de cuerpo entero frío e
        intransitable
en el que concebimos sorprendidos
nuestras muecas ignorantes.
Perdonadme, no tengo nada que deciros,
Estoy solo como también vosotros.

¿Por qué no quieres ver la verdad? Pregunté.
Y ¿cómo escribiré poesía?

Una gota turbia
toda tu vida
ansiedad en la soledad indecible
del desierto de porcelana
infinita blancura deslumbrante
extrema para ser atrapado una
única soledad tuya o punto negro
que crece acercando despacio
un abrazo seguro para siempre.

Hermoso sonido hace el silencio

POESÍA III

(2023)

Epílogo

Niño, 2040 d. C.

Un niño pequeño pequeñísimo
se tiende en la cama de los padres
La cabeza en un rincón las piernas en otro
y las manos alas
El mundo es suyo
La vida, la alegría,
el frescor y la risa
Y los otros niños

PALABRA

A Creonte que se atrevió a cambiar

Como dicen de sus padres
Los hombres una turbia
Mirada estrecha e incapaz
Por algo que hay allí en la
Pérdida gris del horizonte
Ahogándose irreflexivamente
En la mancha roja
De intimidación que eligió.

La negra estrella
Visitó también esta noche a nuestra pequeña
   vida
Cada vez con más frecuencia piensa
Pasamos los cuarenta.

Hermosas playas griegas
Huelen a colillas, orín de perros, pañales de
    bebés,
Aceite y pizza, petroleros a lo lejos,
Cáscaras, principalmente de melón
Las arrojan Sísifos europeos balcánicos
Caen sobre ignorantes quizás
Se resbalan y gimen
Por su negro destino
Vanidosos y tristes.

Me siento a tu lado
Durante años interminables
Y ni una lágrima me viene
Y te escucho decir
Qué bien estamos
Y no escucho nada
Sólo pienso
En aquel viejo cuchillo
Bien afilado
Que tengo en el anaquel de la biblioteca
Tras los poemas de Kavafis y de Baudelaire.

Llama insistente
De cirio monástico
En candelabro de bronce
Peligrosamente se inclina
A cada abertura de la puerta
¿Se apagará o
    quemará irremediablemente
El cabello falsamente rubio
Que se complace sin cuidado
En su monótona espiritualidad?

Nunca

Ningún cielo soleado de primavera

Ningún mediodía de calor

Ningún amor

Ningún baile festivo

Ninguna revolución

Ninguna tormenta

Ninguna muerte

Ninguna guerra

Ninguna derrota

Puede darse en otro sitio

Para parar de escribir poesía.

TIERRA SOLITARIA

. . .se extendió sobre la tierra. . .
Génesis, c. 38, v. 9.

Lirio blanco germinas
En rocas o hierbas salvajes
Siempre solo, siempre en pie
Siempre con tu aroma embriagador
que corre, se extiende en derredor
Y toma de la mano
A los amantes que pasean
En compañía al olvido.

Caballo negro reluciente árabe
Se vierte del horizonte púrpura
Se levanta de pronto
        sobre las patas traseras
        ante ti
Con un relincho triunfal
        y el eco de una pena
Profunda y pálida
De la fuente negra.
Y cando vuelve a encontrarse en tierra
Sale despacio, llevando en sus húmedos ojos
        la tristeza
Pero la cabeza arrogante
Aunque sea mentira.
Se va para acurrucarse
En el fondo púrpura
De donde volverá, siempre
Y siempre y allí se irá solo,
Sonriendo, siempre
Y apenadamente.

Una gota turbia
Toda tu vida
Agonía en la soledad indecible
Del desierto de porcelana
Blancura infinita deslumbrante
Ningún extremo para ser atrapado
Tu sola esperanza el punto negro
Que crece acercándose despacio
Un abrazo seguro para siempre

El blanco narciso
Siempre recoge
      todas las gotas de frescor
Cerrando sus pétalos
      delicadísimos
Y no comparte
      con la tierra solitaria
Ni estas lágrimas de Dios.
Tan grande es su ira
Que niega todo lo suyo
Y cuando llega
      el final de época
Se inclina en última despedida
Y cae al suelo
Apretado, cerrado, flor ajada.

Con espada templada
Sufres por hender
El odre desollado
Con el vino avinagrado
Deshilachados sin gracia triturados
Alrededor navegan sin velas
En el Mar Rojo
        con olor a ácido
Que corrompe la tierra y la petrifica.

Las gotas heladas
De las lágrimas blancas
De los ojos vacíos
Se deslizan sin motivo
Por la piel indiferente
De tus mejillas perfectamente en conserva
Encuentran los mármoles italianos
En los que brillas dos veces por semana
Con afeites biológicos
A cuatro patas.

ÍNDICE

ÍNDICE

LA BRÚJULA QUE MARCABA EL SUR
(2002)

ES CÁLIDO EL ABRAZO
DEL MAR LEJANO

(2012)

POESÍA III

(2023)